Menneskelig ledelse i teknologitid

Hvordan lede trygt, tydelig og med mening i en virkelighet preget av AI, automatisering og digital usikkerhet

© 2025 Sam Afshari
Forlag: BoD · Books on Demand,
Postboks 354 Sentrum, 0101 Oslo, bod@bod.no
Trykk: Libri Plureos GmbH,
Friedensallee 273, 22763 Hamburg, Tyskland
ISBN: 978-82-938-7396-9

Forord

Vi lever i en tid hvor teknologien beveger seg raskere enn noen gang før. Kunstig intelligens, automatisering og digitale løsninger er ikke lenger fremtidsvisjoner – de er nå en del av hverdagen vår. Verktøyene vi bruker for å kommunisere, jobbe og utvikle, endrer seg stadig. Og i midten av dette landskapet står du: et menneske, med ansvar for andre mennesker.

Du kjenner kanskje igjen følelsen av å måtte være fremoverlent og strategisk, samtidig som du prøver å være tilstede og empatisk. Det er som å stå med én fot i det gamle, og én i det nye – mens bakken under stadig skifter form.

Denne boken er skrevet for deg som leder, mellomleder eller ambisiøs fagperson – uansett om du er fersk i rollen eller har lang erfaring. Den er skrevet fordi du fortjener støtte. Du trenger ikke være ekspert på teknologi, men du skal forstå hvordan den påvirker de menneskene du jobber med.

Ledelse i dag handler ikke bare om å få ting gjort – det handler om å skape trygghet, mening og utvikling i en tid der mange kjenner på uro. Det handler om å bruke teknologi som et verktøy, ikke som en erstatning for menneskelig kontakt.

Gjennom boken vil du få innsikt, historier, refleksjoner og konkrete verktøy. Ikke fordi vi har alle svarene – men fordi vi tror du vil trenge gode spørsmål. Og fordi fremtidens lederskap er menneskelig, ikke mekanisk.

Takk for at du leder. Og takk for at du ønsker å gjøre det med varme, tydelighet og mot.

— Sam

DEL I: FORSTÅ LANDSKAPET

Formål: Å gi deg innsikt i hvordan teknologi – spesielt kunstig intelligens – påvirker både arbeidshverdagen og menneskene i organisasjonen.

Innhold:

1. Teknologitid – Hva har egentlig endret seg?

2. Hva er AI – og hvorfor skaper det uro?

3. Menneskets plass i den digitale verden

4. Psykologien bak teknologifrykt

5. Fremtidens arbeidsplass – automatisert, men ikke kald

DEL I: FORSTÅ LANDSKAPET

Introduksjon til del I

Denne første delen av boken handler om å forstå det nye landskapet vi beveger oss i som ledere. Det er lett å kaste seg over nye verktøy og løsninger, men uten forståelse for hva teknologi faktisk gjør med mennesker, relasjoner og kulturer, risikerer vi å miste det viktigste på veien: Menneskeligheten.

Målet med denne delen er å gi deg som leder:

- Innsikt i hva som faktisk har endret seg

- Forståelse for hvorfor AI skaper uro

- Perspektiver på hvorfor mennesker fortsatt er unike

- Kunnskap om psykologien bak teknologisk motstand

- Refleksjon rundt hvordan fremtidens arbeidsplass må formes

Med denne forståelsen som grunnlag, blir du bedre rustet til å møte resten av boken – og virkeligheten.

Kapittel 1: Teknologitid – Hva har egentlig endret seg?

1.1 Når teknologien ikke bare er et verktøy

De fleste av oss er vant til teknologi. Vi har brukt datamaskiner, e-post og digitale møter i årevis. Men i dag skjer noe nytt. Teknologien begynner å ta mer aktive roller: Den analyserer, forutsier, vurderer og til og med foreslår løsninger – i sanntid.

Det som før var støtteverktøy, blir nå medbeslutningstaker. Dette er ikke nødvendigvis negativt, men det gjør noe med følelsen av kontroll, eierskap og verdi i arbeidslivet.

Eksempel: Et AI-verktøy i et konsulentselskap analyserer kundedata og foreslår hvilke prosjekter som skal prioriteres. Tidligere var dette lederens ansvar. Nå skal mennesket vurdere maskinens vurdering – ikke skape den selv.

Det kan skape effektivitet. Men det kan også skape uro.

1.2 Det usynlige skiftet – psykologisk og kulturelt

Når vi snakker om digitalisering, snakker vi ofte om verktøy. Men det viktigste skiftet er psykisk. Mange begynner å spørre:

- Har jeg fortsatt noe å si?

- Er jeg bare en bruker av systemer – eller et menneske som bidrar med verdi?

- Hva skjer med jobben min om AI gjør 80 % av det jeg gjør nå?

Dette er ikke små bekymringer. Det er dypt menneskelige spørsmål. Og de trenger å bli møtt med forståelse, ikke med mer informasjon.

1.3 Kontroll er ikke lenger svaret

Tidligere har vi ofte tenkt at god ledelse handler om struktur og kontroll. Men i en digital og uforutsigbar verden, er det ikke kontroll som bygger trygghet – det er relasjon.

Du som leder må balansere innsikt i teknologi med evne til nærhet, tilstedeværelse og varme. Folk trenger å føle seg sett – ikke bare logget.

1.4 Teori: Shoshana Zuboff og det digitale skillet

Den amerikanske forskeren Shoshana Zuboff kaller gapet mellom teknologisk utvikling og menneskelig tilpasning for "det digitale skillet".

Teknologien løper foran, men mennesket trenger tid til å henge med – emosjonelt og mentalt.

Ledere som ikke forstår dette skillet, risikerer å forlate folk i usikkerhet, selv med de beste intensjoner.

1.5 Hva betyr dette for deg som leder?

Du trenger ikke forstå teknologien i detalj. Men du må forstå:

- Hva den gjør med mennesker

- Hvordan den påvirker mening og verdi

- Hvor raskt eller sakte teamet ditt klarer å tilpasse seg

Du må tørre å være bremse når alle jager fremover, og du må tørre å stille spørsmål selv når teknologien lover raske løsninger.

Oppsummering av kapittel 1

Vi har gått inn i en tid der teknologi påvirker mer enn oppgavene våre – den påvirker hvem vi føler oss som på jobb. Som leder må du være en bro mellom det gamle og det nye, og huske dette:

- Du skal ikke konkurrere med AI – du skal utfylle den

- Du skal ikke kontrollere mennesker – du skal trygge dem

- Du skal ikke være teknolog – du skal være menneske

Kapittel 2: Hva er AI – og hvorfor skaper det uro?

2.1 Hva er egentlig kunstig intelligens?

Kunstig intelligens, eller AI (Artificial Intelligence), er et begrep mange bruker, men få virkelig forstår. Kort forklart handler AI om datasystemer som er i stand til å lære fra data, finne mønstre, og ta beslutninger – uten at mennesker gir dem instruksjoner for hvert eneste steg.

AI kan:

- Forutsi kundeadferd
- Analysere tusenvis av dokumenter på sekunder
- Lage tekst, bilder eller musikk
- Gi deg råd om hva du burde gjøre, basert på data

Men AI kan også gjøre mer usynlige ting: foreslå hvem som skal ansettes, hvilke kunder som er mest lønnsomme – eller hvem som ikke "lønner seg" lenger.

Dette er ikke lenger science fiction. Det skjer nå. Og det gjør noe med oss.

2.2 Hvorfor skaper AI uro?

På overflaten virker AI praktisk og effektivt. Det sparer tid, penger og arbeid. Men under overflaten skjer det noe mer – noe følelsesmessig og menneskelig.

Folk begynner å spørre:

- Trenger de egentlig meg, når en maskin gjør det jeg gjør?

- Hva skjer hvis jeg gjør feil og algoritmen "ser det"?

- Hvem bestemmer egentlig – systemet eller jeg?

Denne uroen er ikke alltid synlig. Den kommer som lavere engasjement, mer forsiktighet, mindre initiativ og kanskje en passiv motstand mot endring. Folk trekker seg unna, fordi de føler seg vurdert og erstattelige.

2.3 Teknologi handler også om tillit

Det er lett å tenke at AI handler om teknikk. Men i praksis handler det like mye om tillit.

Når AI tar beslutninger, må folk stole på:

- At teknologien er rettferdig

- At dataene er riktige

- At de selv fortsatt har en stemme og en verdi

Hvis ikke dette er på plass, mister vi tryggheten. Og uten trygghet, fungerer ikke team.

En leder i finansbransjen fortalte:

"Vi innførte AI for å sortere kundehenvendelser. Men ansatte begynte å tvile på om deres vurderinger betydde noe lenger. De ble redde for å gjøre feil. Det var ikke AI som skapte problemet – det var at vi ikke snakket om hva det gjorde med dem."

2.4 Når AI blir en svart boks

En utfordring med moderne AI er at systemene ofte er uforståelige – selv for utviklerne. De fungerer som "svarte bokser": du gir dem data, og de gir deg et resultat. Men hvordan kom de frem til svaret?

Når vi ikke forstår beslutningsgrunnlaget, mister vi kontroll. Og det skaper utrygghet.

Som leder bør du derfor stille disse spørsmålene:

- Hva gjør AI med beslutningene i teamet mitt?

- Kan medarbeiderne forstå og påvirke prosessene?

- Hvordan snakker vi om dette i organisasjonen?

2.5 Menneskelig frykt – logisk og emosjonell

Frykten for AI er ikke bare irrasjonell. Den er både logisk og emosjonell.

Logisk, fordi:

- AI faktisk kan erstatte visse oppgaver
- Noen jobber vil forsvinne
- Teknologi ofte kommer før vi er klare

Emosjonell, fordi:

- Vi identifiserer oss med jobben vår
- Vi trenger å føle oss nyttige
- Vi vil bli sett – ikke bare vurdert

En mellomleder i et teknologiselskap sa det slik:

"Jeg elsker teknologi. Men det gjør meg vondt å se flinke kollegaer miste troen på seg selv fordi de føler at en maskin gjør det bedre."

2.6 Hva gjør du som leder?

Du må ikke være teknologiekspert.

Men du må ta ansvar for hvordan teknologien påvirker teamet ditt – følelsesmessig, relasjonelt og psykologisk.

Som leder bør du:

- ✓ Anerkjenne frykten – ikke overse den
- ✓ Snakke om hvordan AI påvirker arbeidshverdagen
- ✓ Involvere folk i prosessene, ikke bare informere
- ✓ Vise tydelig at mennesker fortsatt betyr mest
- ✓ Gjenta at AI er et verktøy – ikke en erstatning

Oppsummering av kapittel 2

AI er mer enn et nytt verktøy – det er en endring i hvordan vi tar beslutninger, hvordan vi jobber, og hvordan vi vurderes. Det skaper uro, fordi det utfordrer både kontroll og identitet.

Som leder må du bygge bro mellom effektiv teknologi og menneskelig trygghet. Du må gi folk en følelse av plass, verdi og betydning – selv i en hverdag hvor algoritmer blir stadig mer synlige.

Kapittel 3: Menneskets plass i den digitale verden

3.1 I møte med maskiner – hva er vårt unike bidrag?

I en tid hvor teknologien stadig blir smartere, mer selvstendig og mer effektiv, er det lett å begynne å sammenligne seg. Hva gjør vi som mennesker, som teknologien ikke kan gjøre?

Det finnes faktisk mange svar på det – og de er viktigere enn noen gang.

Mennesker kan:

- Forstå nyanser som ikke finnes i data

- Vise empati og fange opp stemninger

- Lese mellom linjene

- Ta beslutninger basert på verdi, ikke bare effektivitet

- Skape mening og relasjon, ikke bare resultater

Maskiner kan produsere innhold, regne raskt og forutsi trender. Men de kan ikke forstå hvorfor noen smiler, hvorfor stillhet betyr noe i et møte, eller hvordan en kollegas kroppsspråk avslører usikkerhet.

Det er her vi kommer inn.

3.2 Menneskelige ferdigheter – fremtidens superkraft

Verden roper etter teknologikompetanse. Men samtidig vokser behovet for det motsatte: menneskelige ferdigheter.

I mange undersøkelser om fremtidens arbeidsliv trekkes disse egenskapene frem som viktigst:

- Emosjonell intelligens

- Evne til samarbeid

- Kritisk tenkning

- Kreativitet

- Kommunikasjon

- Nærvær

Disse ferdighetene er vanskelige å automatisere.
De er også det folk lengter etter i en verden der
det meste kan kjøpes, strømmes, leveres eller
produseres på et tastetrykk.

Ironisk nok: jo mer teknologi vi får, desto mer
trenger vi menneskelighet.

3.3 Det menneskelige nærværet – ingen snarvei finnes

I en travel arbeidshverdag frister det å
automatisere så mye som mulig.
Kalenderpåminnelser, ferdigskrevne e-poster, AI-
genererte oppsummeringer. Men noen ting kan
ikke automatiseres.

➢ Tilstedeværelse.
➢ Lytting.
➢ Respons som tilpasses situasjonen, ikke bare
  malen.

Det krever tid. Det krever oppmerksomhet. Og det krever at vi velger å være mennesker – også når det er lettere å skjule seg bak teknologi.

En ung teamleder fortalte:

"Jeg hadde begynt å bruke AI til å svare på personalmailer. Det sparte tid. Men en kollega sa: 'Det er som å få svar fra noen som ikke kjenner meg'. Da skjønte jeg at jeg hadde gått for langt. Jeg var til stede i systemet, men fraværende som menneske."

3.4 Ledelse som menneskelig praksis

Å være leder i dag er ikke først og fremst å være ekspert på verktøy. Det er å være trygg nok til å stå støtt når andre kjenner seg usikre. Det er å bruke teknologien – men samtidig være til stede i det mellommenneskelige.

God ledelse handler nå mer enn noen gang om:

* Å se folk der de er

- Å være nær når ting føles fjernt

- Å skape mening i en hverdag preget av tall og tempo

Mange unge ledere tror de må være "digitale superledere". Men det er ikke det som skaper tillit. Det som skaper tillit, er menneskelig tilstedeværelse – i møte, i vurdering, i kommunikasjon.

3.5 Hva skjer når mennesker mister plass?

Når teknologien får for stor plass, skjer noe umerkelig:

- Medarbeidere blir mer tause

- Kreativiteten blir svakere

- Arbeidskulturen blir flat og instrumentell

- Folk gjør det som er målbart, ikke det som er viktig

Dette skjer ikke fordi teknologien er "farlig" –
men fordi vi glemmer å gi mennesker rom til å
være nettopp det: mennesker.

Som leder må du derfor aktivt sikre plass til:

- ✓ Spørsmål og refleksjon
- ✓ Åpenhet for usikkerhet
- ✓ Anerkjennelse av det ikke-målbare
- ✓ Tilstedeværelse og emosjonell støtte

Oppsummering av kapittel 3

Mennesket har fortsatt en helt avgjørende rolle i en teknologisk tid. Ikke fordi vi skal konkurrere med maskinene – men fordi vi har noe de aldri kan få: kontakt, mening, nærvær, verdi.

Ditt ansvar som leder er å:

- Minne folk på deres unike verdi

- Verne om det menneskelige – midt i alt det digitale

- Skape en kultur der folk kjenner at de trengs

Du trenger ikke være perfekt. Du trenger å være ekte.

Kapittel 4: Psykologien bak teknologifrykt

4.1 Hvorfor reagerer folk med frykt – og ikke bare nysgjerrighet?

Når nye teknologier introduseres på arbeidsplassen, er det lett å tro at alle vil bli nysgjerrige og engasjerte. Mange gjør det. Men minst like mange reagerer med noe annet: skepsis, motstand, uro, eller taushet.

Dette handler ikke om uvitenhet. Det handler om psykologi.

Vi mennesker har et grunnleggende behov for:

- Forutsigbarhet

- Kontroll

- Trygghet

- Tilhørighet

Når teknologien kommer inn og endrer spillereglene, utfordres alle disse behovene samtidig. Vi vet ikke lenger hva som forventes,

hva vi mestrer, eller hvilken plass vi har i
fellesskapet.

4.2 Når usikkerhet blir stille frykt

Teknologifrykt kommer sjelden til uttrykk som
åpen protest. Den viser seg ofte som:

- Passivitet: «Jeg venter og ser.»

- Ironi: «Nå kommer robotene og tar oss,
  hehe.»

- Lavere engasjement: «Det er vel ikke noe
  poeng å foreslå noe – systemet bestemmer
  uansett.»

- Uuttalt motstand: Forsinkelser, avventing,
  glidende fravær

Folk sier kanskje at det går fint, men du merker at
noe er borte: gløden, initiativet, tryggheten.

Denne typen stillhet er en varsellampe. Den
handler ofte om at folk er usikre, men ikke har
språk for det.

4.3 Fra kontroll til tap av kontroll

Mange medarbeidere har jobbet seg frem til trygghet over tid: de har lært systemene, forstått kulturen, og bygget erfaring. Når nye digitale løsninger kommer, oppleves det som om alt må startes på nytt.

Det føles som et tap av kontroll. Og det er ofte nettopp det.

En seniorrådgiver beskrev det slik:

"Jeg har vært trygg i jobben min i mange år. Men nå føler jeg at jeg må lære meg et helt nytt språk. Jeg kjenner meg plutselig utdatert – og det er ikke en god følelse."

4.4 Den skjulte identitetskrisen

Mennesker identifiserer seg med det de kan. Når teknologien gjør de samme oppgavene som før ga oss verdi – og gjør dem raskere – kan det oppstå en stille identitetskrise:

- Er jeg fortsatt dyktig?

- Har jeg noe unikt å bidra med?

- Er min erfaring fortsatt verdt noe?

Dette er ikke bare tekniske spørsmål. Det er eksistensielle spørsmål.

Du som leder har ikke ansvar for å "løse" disse krisene – men du har ansvar for å gi dem rom.

For det vi setter ord på, mister makten sin.

4.5 Hva kan du gjøre som leder?

Du trenger ikke ha svar på alt. Men du må være til stede. Her er noen grep som kan gjøre stor forskjell:

1. Normaliser følelsene

Snakk om at det er normalt å kjenne seg usikker. Det skaper rom for ærlighet og avlaster skammen mange bærer.

2. Spør før du forklarer

Spør: "Hvordan kjenner du at denne endringen

påvirker deg?" før du begynner å forklare systemet. Lytt aktivt, og vis at du bryr deg.

3. Gi rom for læring – uten tap av ansikt

Mange kvier seg for å stille "dumme spørsmål" om teknologi. Sørg for at det er trygt å være nybegynner – uansett alder og rolle.

4. Anerkjenn det folk allerede kan

Ikke bare fokuser på det som må læres. Vis respekt for erfaring, relasjonskompetanse og det mellommenneskelige. Det bygger selvtillit i overgangsfasen.

4.6 Husk at endring alltid er emosjonell – ikke bare praktisk

Mange digitale initiativer feiler, ikke fordi verktøyet er dårlig, men fordi man glemte følelsene rundt det. Endring handler om trygghet, ikke bare teknologi.

Som leder er du ikke først og fremst en innfører – du er en oversetter. Du skal oversette endring til mening, uro til trygghet, og fremtid til noe håndterbart.

Oppsummering av kapittel 4

Teknologifrykt er ikke et tegn på svakhet. Det er et tegn på at noe viktig står på spill: trygghet, kontroll, identitet og tilhørighet.

Som leder må du:

- Være oppmerksom på stille motstand

- Lytte mer enn du instruerer

- Gjøre rom for det menneskelige i møte med det digitale

- Være et menneske – også når maskinene kommer

Kapittel 5: Fremtidens arbeidsplass – automatisert, men ikke kald

5.1 Hvordan ser arbeidslivet ut i morgen?

Fremtidens arbeidsplass formes ikke bare av teknologi – men av hvordan vi velger å bruke den. Det er lett å se for seg kontorer fylt med skjermer, automatisering og kunstig intelligens som tar seg av både analyse, kundedialog og prosjektledelse. Og ja – mye vil bli effektivisert. Men spørsmålet er ikke *hvor mye* som automatiseres. Spørsmålet er *hva vi vil bevare som menneskelig.*

For det er fullt mulig å ha høy grad av teknologi – og samtidig en varm, relasjonsbasert kultur. Men det skjer ikke av seg selv.

5.2 Automatisering som frigjøring – eller frakobling?

Når teknologi overtar rutineoppgaver, kan det frigjøre tid og kapasitet til mer kreative, strategiske og relasjonelle oppgaver. Men det kan også føre til frakobling – at mennesker mister kontakt med helheten, mening med jobben eller følelsen av å være nyttige.

Det handler ikke om *om* vi automatiserer – men *hvordan* vi gjør det.

Eksempel:

Et kundesenter tok i bruk AI for å svare på enkle kundehenvendelser. Det ga kortere svartid og bedre flyt. Men de ansatte opplevde at de bare satt igjen med "de vanskelige samtalene" – klager, frustrerte kunder og misfornøyde brukere. Det tok på, mentalt og emosjonelt.

Løsningen ble å veksle: AI tok en del rutinespørsmål, men menneskene fikk også være med i forbedringsarbeid, utvikling og analyse – ikke bare "brannslukking".

5.3 Tre veivalg for fremtidens arbeidsplass

Når teknologi blir en større del av arbeidshverdagen, står organisasjoner overfor tre mulige veier:

1. Effektivitetsveien

Her handler alt om å gjøre mer, raskere. Teknologi brukes til å presse kostnader, effektivisere prosesser og måle ytelse. Denne veien gir gevinster raskt – men risikerer å skape slitasje og fremmedgjøring.

2. Kontrollveien

Teknologi brukes til å overvåke, måle og styre medarbeidere tettere. Alt kan spores, rapporteres og vurderes. Resultatet er forutsigbarhet – men også mistillit og lav motivasjon.

3. Tillitsveien

Teknologi brukes for å støtte, frigjøre og styrke mennesker. Ledelsen investerer i opplæring, dialog og meningsskaping. Her kombineres digital kraft med menneskelig varme. Dette tar tid – men gir varig effekt og høyere trivsel.

Spørsmålet er ikke hvilken teknologi du velger –
men hvilket menneskesyn den er koblet til.

5.4 Ledelse i den automatiserte hverdagen

Automatisering forandrer hvordan vi leder. Det
betyr at ledere ikke bare må kunne forstå
teknologi – de må forstå hvordan teknologien
endrer *mellommenneskelige dynamikker*.

Som leder må du være bevisst på:

- Hvordan AI påvirker maktbalansen

- Hvem som får (og mister) ansvar

- Hvordan kontroll oppleves i en digital
  struktur

- Når mennesker trenger deg – ikke
  systemet

Du skal ikke kontrollere alt. Du skal bygge
rammene for tillit og retning.

5.5 Menneskelig kultur i digitale omgivelser

En arbeidsplass er ikke først og fremst et system
– det er et fellesskap.

Når stadig mer skjer på skjerm, i verktøy og via
AI, må vi aktivt skape det som tidligere oppstod
naturlig:

- Kaffepauser og småprat

- Anerkjennelse og blikkontakt

- Feiring av små seire

- Samtaler om det som ikke kan måles

Praktiske grep for deg som leder:

✓ Lag digitale møteplasser med plass til
personlighet

✓ Spør om mer enn "hvordan går det med
prosjektet?"

✓ Feir menneskelig innsats – ikke bare tall

✓ Sett av tid til kontakt, ikke bare kontroll

5.6 Hva slags fremtid vil du være med å skape?

Du er med på å forme fremtidens arbeidsliv – hver dag. Ikke bare gjennom hvilke verktøy du velger, men gjennom hvordan du snakker, lytter, og leder.

Spør deg selv:

- Bruker jeg teknologi for å forenkle, eller for å kontrollere?

- Gir automatisering rom for vekst – eller skaper det avstand?

- Føler folk seg sett – eller bare styrt?

Det finnes ingen perfekte svar. Men det finnes en bedre vei: den som setter mennesket først – og teknologien som støtte.

Oppsummering av kapittel 5

Fremtidens arbeidsplass vil være mer digital og automatisert. Men den trenger ikke bli kald eller upersonlig.

Som leder må du:

- Bruke teknologi som støtte, ikke som erstatning

- Være våken for hvordan automatisering påvirker kultur

- Prioritere varme, tillit og menneskelig verdi – midt i det digitale

Den beste teknologien i verden betyr ingenting hvis folk mister motivasjon, mening og fellesskap. Fremtiden er menneskelig – hvis vi velger å gjøre den sånn.

DEL II: LEDE I USIKKERHET

Introduksjon til del II

Etter å ha sett nærmere på hvordan teknologi og AI forandrer landskapet rundt oss, skal vi nå bevege oss inn i selve lederrollen. For når arbeidslivet blir mer usikkert, og endringer skjer raskt og ofte uten varsel, er det ikke teknologi vi først og fremst trenger mer av – det er trygghet.

Trygghet er ikke det samme som å gi folk garantier. Det handler ikke om å love at ingenting skal forandre seg. Det handler om å vise at du er til stede, ærlig, tilgjengelig – og menneskelig.

Denne delen gir deg innsikt og verktøy for hvordan du kan:

- Skape psykologisk trygghet i teamet

- Møte frykt og motstand på en klok måte

- Kommunisere ærlig, uten å skape panikk

- Lede med tilstedeværelse når fremtiden er uklar

- Håndtere egne reaksjoner i tider med uro

Du trenger ikke være urokkelig. Men du må være der. Det er nok – og det er sterkt.

Kapittel 6: Hvordan skape trygghet i urolige tider

6.1 Hva er egentlig trygghet?

Trygghet i arbeidslivet handler ikke om at alt er stabilt. Det handler om at folk føler:

- At de kan være seg selv

- At det er trygt å stille spørsmål

- At de ikke blir straffet for å gjøre feil

- At de blir sett, hørt og verdsatt – også når de er usikre

Dette kalles ofte **psykologisk trygghet**, og det er en av de viktigste forutsetningene for at folk skal tørre å være kreative, si ifra, og stå i endring.

6.2 Uro og endring henger sammen

Når AI og digitalisering innføres, skjer det ofte parallelt med:

- Endrede roller

- Nye forventninger

- Omorganisering

- Mer fokus på mål og tall

- Mindre kontakt med ledere og kollegaer

Dette er en perfekt oppskrift på uro. Ikke nødvendigvis fordi endringene er dårlige – men fordi de oppleves plutselige og lite forankret.

Du som leder blir da en nøkkelperson. Ikke til å "løse" usikkerheten – men til å ramme den inn, gjøre den tryggere, og gi folk et språk for det de kjenner på.

6.3 Hva gjør utrygghet med team?

Når folk føler seg utrygge, skjer ofte dette:

- De deler mindre av ideene sine

- De tør ikke si fra om feil eller utfordringer

- De trekker seg unna ansvar

- De jobber for å "unngå feil" i stedet for å skape verdi

- Tilliten i gruppa svekkes

Ironisk nok: jo mer usikkerhet det er, desto mer kontroll forsøker noen ledere å ta. Men dette fører sjelden til trygghet – det fører bare til stillhet.

6.4 Hva skaper trygghet?

Trygghet handler om hvordan du som leder **er** – ikke bare hva du **gjør**.

Det handler om:

- At du er konsekvent og tilstede

- At du tåler andres usikkerhet uten å ville fikse det med én gang

- At du er ærlig, også når du ikke vet

- At du lytter mer enn du snakker

- At du viser at du bryr deg

Et eksempel fra en mellomstor bedrift:

Et nytt AI-verktøy ble innført for å fordele arbeidsoppgaver. Mange ansatte kjente på uro. Lederen samlet teamet og sa:

"Dette er nytt også for meg. Jeg skjønner at det kan føles uvant og utrygt. Min rolle er ikke å ha alle svarene, men å være tilgjengelig for spørsmål og refleksjon. Ingen blir målt på hvor fort de mestrer det – vi lærer sammen."

Effekten var tydelig: skuldrene senket seg. Folk åpnet seg. Og læringen gikk faktisk raskere – fordi trygghet først var på plass.

6.5 Konkrete verktøy for å bygge trygghet

1. Start samtaler med mennesket, ikke systemet

Før du snakker om endringen, spør: "Hvordan har du det nå?" eller "Hvordan opplever du denne overgangen?"

2. Gjenta budskap, selv når du er lei av det selv

Folk trenger tid. Si ting flere ganger. Ikke tro at ett møte er nok.

3. Anerkjenn det som ikke kan måles

Ros folk for holdning, innsats og tilstedeværelse – ikke bare leveranser.

4. Tolerer feil – og vis det i praksis

Fortell gjerne om dine egne feil. Vis at feil er læring, ikke tap av verdi.

5. Vær synlig og tilgjengelig

Ikke gjem deg bak systemer eller skjemaer. Vær til stede – fysisk eller digitalt.

6.6 Hvordan kjenner du igjen at trygghet er på plass?

Tegn på at teamet ditt er trygt:

- Folk tør å stille spørsmål

- Uenighet tas opp åpent, ikke som baksnakking

- Nyansatte spør fritt og deler ideer

- Feil håndteres med læring, ikke skyld

- Humor og glød er en del av hverdagen

Trygghet skaper energi. Og energi skaper resultater.

Oppsummering av kapittel 6

I urolige tider er trygghet ikke en luksus – det er en nødvendighet. Du kan ikke gi folk sikkerhet for fremtiden, men du kan gi dem en opplevelse av:

- At de betyr noe

- At det er lov å feile

- At du er der, og ikke gir slipp

Trygghet er ikke å ha alle svar. Det er å være til stede i spørsmålene.

Kapittel 7: Når ansatte frykter å bli overflødige

7.1 En stille frykt som mange bærer

De færreste sier det rett ut. Men mange tenker det. Når kunstig intelligens, automatisering og digitale løsninger gjør stadig flere oppgaver raskere og mer presist – hva skjer da med meg?

- Er jeg fortsatt viktig?

- Blir jobben min overflødig?

- Hva skjer med min rolle – og mitt ansvar?

Denne frykten dukker ofte opp i kjølvannet av digitalisering. Den er ikke alltid høylytt. Men den kan sette seg som en tung klump i magen, og gradvis tære på motivasjon og mestringsfølelse.

Som leder må du være våken for den. Ikke for å løse den helt, men for å møte den med respekt, åpenhet og menneskelighet.

7.2 Når jobb er identitet

For mange er jobben ikke bare noe man gjør – det er noe man er. Vi bygger stolthet, trygghet og selvtillit rundt oppgaver vi mestrer, og roller vi behersker. Når disse rollene endres, eller når teknologien tar over, kan det føles som om en del av oss forsvinner.

Dette skjer ofte i det stille.

En erfaren medarbeider kan plutselig begynne å tvile på seg selv:

"Alt jeg har vært god på, gjør nå systemet. Hva er igjen til meg da?"

Dette er ikke dramatisk, men det er dypt menneskelig. Og det må tas på alvor.

7.3 Hvordan frykten viser seg i praksis

Frykt for å bli overflødig trenger ikke vise seg som panikk. Den kommer ofte i form av:

- Lavere initiativ: "De klarer seg vel uten meg."

- Mer rigiditet: "Dette har vi alltid gjort sånn."

- Motstand mot nye systemer

- Usikkerhet forkledd som irritasjon

- Mindre deltakelse i møter eller workshops

Det er lett å tolke dette som "lite fleksibilitet". Men bak det ligger ofte en dypere opplevelse: følelsen av å miste fotfeste.

7.4 Hva kan du gjøre som leder?

Du kan ikke fjerne teknologien. Og du skal heller ikke late som om alt fortsetter som før. Men du kan møte frykten med varme og tydelighet.

Her er noen konkrete grep:

1. Snakk om elefanten i rommet

Ikke lat som om alt er som før. Ta samtalen:

"Jeg vet noen kan kjenne på usikkerhet når vi digitaliserer. Kanskje du lurer på hva det betyr for din rolle. Det er helt naturlig. Det skal vi snakke om."

Åpenhet avvæpner frykt.

2. Vis at mennesker fortsatt er kjerneverdien

Gjenta og vis i praksis at det ikke er systemer som skaper kultur, kontakt og tillit – det er folkene som jobber sammen. Verktøy kan støtte, men aldri erstatte relasjon.

"Vi trenger teknologien – men vi trenger deg mer."

3. Gi nye utviklingsmuligheter

Ikke alle trenger å bli teknologieksperter. Men alle trenger å kjenne at de fortsatt kan vokse.

- Tilby opplæring

- Gi små utviklingsoppgaver

- Inviter inn i nye prosesser

- La ansatte være med på forbedringer av de digitale løsningene

Mestring bygger stolthet – og stolthet reduserer frykt.

4. Anerkjenn det menneskelige

Folk trenger å høre at de har verdi – også når verktøyene endres. Det handler ikke bare om å levere, men om hvem de er for fellesskapet:

"Du er viktig her – ikke bare fordi du gjør en god jobb, men fordi du er den du er i teamet."

Dette kan virke som en liten setning. Men det kan forandre hele måten en medarbeider går på jobb dagen etter.

7.5 Når du selv kjenner deg truet

Noen ganger kjenner du kanskje på den samme frykten. Ledere er også mennesker. Kanskje tenker du:

- Hva skjer med min rolle hvis AI kan lede prosjekter bedre enn meg?

- Trenger de egentlig ledere i fremtiden?

Hvis du kjenner deg igjen, er du ikke alene. Men nettopp derfor er dette så viktig: vi må vise hverandre at vi ikke er alene om frykten – og heller ikke om mulighetene.

En trygg leder er ikke en som aldri tviler. Det er en som tør å dele, være ærlig og samtidig stå stødig i uroen.

Oppsummering av kapittel 7

Frykten for å bli overflødig er ikke svakhet. Det er et menneskelig uttrykk for behovet for å være verdifull. Når teknologien tar mer plass, må du som leder:

- Snakke om det som skjer – før det blir stillhet

- Gi folk trygghet gjennom tilstedeværelse og utvikling

- Minne dem på at det viktigste fortsatt er mennesker, ikke maskiner

Folk trenger ikke å vite alt om fremtiden. De trenger å vite at de fortsatt har en plass i den.

Kapittel 8: Bruk AI som assistent, ikke erstatning

8.1 Teknologiens egentlige rolle

AI og andre digitale verktøy har et enormt potensial. De kan hjelpe oss med å jobbe smartere, raskere og mer presist. Men mange steder har fokuset blitt feil: man bruker teknologien for å **erstatte** mennesker, ikke **styrke** dem.

Når vi snakker om at AI skal «ta over», glemmer vi hvorfor vi i det hele tatt har teknologi: for å støtte mennesket – ikke konkurrere med det.

Dette kapittelet handler om hvordan du som leder kan sørge for at AI brukes som assistent og verktøy, ikke som en trussel eller erstatter. Du skal ikke være teknologiekspert, men du skal være bevisst, ansvarlig og menneskelig i måten du rammer det inn på.

8.2 Assistent – ikke autoritet

Et godt AI-verktøy kan sammenlignes med en svært effektiv assistent: Det kan analysere store mengder informasjon, gi deg forslag, gjøre forberedelser, eller skrive utkast. Men det skal ikke *beslutte* eller *vurdere* alene.

Eksempler på hva AI kan gjøre godt:

- Lage møtenotater
- Sortere e-poster og foreslå svar
- Finne mønstre i kundedata
- Foreslå rekrutteringstiltak basert på kompetanseprofiler
- Gi deg tekstforslag eller oversikter

Eksempler på hva mennesker må gjøre:

- Tolke konteksten
- Forstå hvordan en kunde egentlig føler seg
- Ta vanskelige avgjørelser med mange hensyn
- Skape tillit, trygghet og dialog

56

- Se det AI ikke fanger: pauser, tonefall, nyanser

Når AI får for stor autoritet, mister vi det menneskelige skjønnet. Når det brukes som verktøy, vinner vi tid, kvalitet og bedre beslutningsgrunnlag.

8.3 Hvordan AI kan støtte deg som leder

AI kan gjøre deg som leder mer effektiv – uten å miste det personlige.

Eksempler:

- Du kan bruke AI til å forberede teammøter med innsikt i trender og status

- Du kan la AI foreslå forslag til rollefordeling i prosjekter, men selv ta den endelige beslutningen

- Du kan få hjelp til å skrive utkast til e-poster, men tilpasse tonen selv

- Du kan la AI analysere anonyme medarbeiderundersøkelser for å finne mønstre, og så bruke innsikten i samtale med teamet

Poenget er: AI gir deg bedre grunnlag – men det er fortsatt du som leder som skaper mening og menneskelig retning.

8.4 Når teknologien får for mye makt

I noen organisasjoner har man gitt teknologien for mye styring. Det kan skje subtilt, for eksempel:

- Når algoritmer bestemmer hvem som skal få jobbe med hva

- Når systemet avgjør hvilke kunder som skal prioriteres, uten rom for menneskelig vurdering

- Når ledere stoler mer på dashboards enn på samtaler

Da flytter vi makten ut av relasjonen og inn i systemet. Det kan virke nøytralt og rettferdig – men det kan også gjøre oss blinde for det unike og menneskelige.

Et verktøy som aldri hviler, vet heller ikke hva det vil si å være sliten, utrygg eller overveldet. Det vet heller ikke hvordan det føles å være menneske i møte med forandring.

Du som leder må være stemmen som balanserer teknikk med tillit.

8.5 Hvordan snakke om AI med teamet ditt

Du må eie samtalen om hvordan AI brukes hos dere. Hvis ikke gjør folk seg egne, ofte mer negative, forestillinger.

Slik kan du snakke om det:

"Dette verktøyet er her for å hjelpe oss. Det skal ikke erstatte noen – det skal frigjøre tid og gi oss mer rom til det vi er gode på som mennesker."

"Vi skal bruke AI til det det er best på. Men det er fortsatt vi som avgjør, tolker og tar ansvar."

"Du er fortsatt like viktig – kanskje viktigere enn før. Teknologien gjør jobben mer effektiv, men du gir den mening."

Du må være klar, trygg og tydelig. Det gir teamet ditt ro og retning.

8.6 Ekte ledelse kan aldri automatiseres

Det er viktig å huske: ledelse handler ikke om å styre oppgaver – det handler om å lede mennesker. Du kan effektivisere driften, men du kan ikke automatisere tillit, kultur, dialog og utvikling.

Ingen AI kan:

- Se potensialet i en person som selv ikke ser det

- Lede gjennom en krise med menneskelig nærvær

- Bygge et inkluderende arbeidsmiljø

- Justere tonen i et møte når stemningen skifter

Det kan bare du.

Oppsummering av kapittel 8

AI er et kraftfullt verktøy – men det må brukes riktig. Det skal være en støtte, ikke en erstatning. Du som leder må sørge for at:

- AI gir innsikt, men ikke fjerner vurdering

- Verktøy frigjør tid, ikke fratar verdi

- Teamet ditt føler seg styrket, ikke målt og erstattet

God bruk av AI gjør deg mer menneskelig – ikke mindre.

Kapittel 9: Hva kundene egentlig vil ha

9.1 Når teknologi forandrer kundemøtet

Det er lett å tro at kunder først og fremst ønsker raske svar, digitale løsninger og selvbetjening. Mange gjør det – spesielt når det gjelder enkle tjenester eller spørsmål. Men når noe blir vanskelig, viktig eller følsomt, vil de aller fleste ha noe annet: **et menneske.**

Vi lever i en tid der nesten alt kan automatiseres. Men nettopp derfor blir det menneskelige møtet enda viktigere – fordi det ikke kan kopieres. Du som leder må forstå dette skiftet, og hjelpe teamet ditt å finne balansen mellom effektiv digital støtte og ekte relasjon.

9.2 Kundene tenker: «Er jeg bare et nummer?»

En kunde kan ha hatt en helt sømløs digital opplevelse – men fortsatt sitte igjen med en følelse av tomhet eller frustrasjon. Hvorfor?

Fordi det ikke handler om hvor **raskt** du svarer –
men **hvordan** du svarer.

Kunder stiller seg ofte disse (ubevisste)
spørsmålene:

- Ser du meg?

- Forstår du meg?

- Er jeg en person for deg – eller en billett i
  et system?

- Er du til stede – eller bare profesjonell?

Hvis svaret på disse spørsmålene er nei, spiller
det liten rolle hvor effektiv teknologien er.

9.3 Det tosporede kundeløftet

Fremtidens kundereise må ha to spor – og begge
må være like sterke:

Det digitale sporet:

- ✓ Effektivt
- ✓ Raskt
- ✓ Forutsigbart

- ✓ Selvbetjent
- ✓ Tilgjengelig døgnet rundt

Det menneskelige sporet:

- ✓ Varmt
- ✓ Empatisk
- ✓ Lyttende
- ✓ Relasjonsbasert
- ✓ Tilpasset situasjonen

De beste kundereisene kobler disse to. De lar kunden bruke teknologi når det er enklest – og menneske når det er viktigst.

9.4 AI og kundedialog – en kraftig kombinasjon (om den brukes riktig)

AI kan gi deg innsikt, foreslå svar, filtrere henvendelser og hjelpe deg med tone og form. Den kan analysere tusenvis av tilbakemeldinger og identifisere trender.

Men AI kan ikke kjenne:

- Når et menneske er frustrert bak en kort e-post

- Når stillheten i et møte betyr "jeg er usikker"

- Når det ikke handler om løsningen – men om å bli hørt

Dette krever menneskelig nærvær og intuisjon. Som leder må du sørge for at teamet ditt får nok rom og støtte til å utøve nettopp dette.

9.5 Hvordan du bygger en relasjonsbasert kundekultur

Du bygger en sterk kundekultur ved å gjøre menneskelig nærvær til en verdi – ikke bare en strategi. Det handler om hva du **belønner, gjentar og løfter frem**.

Praktiske grep for deg som leder:

✓ Feir relasjonelle seire – ikke bare digitale resultater

- ✓ Del kundeeksempler som viser empati og tilstedeværelse
- ✓ Inviter ansatte til å dele hva som skaper gode møter
- ✓ Skap tid og rom til ekte samtaler – ikke bare raske løsninger
- ✓ Snakk om kundens følelse, ikke bare kundens behov

Et "godt levert" handler ikke bare om hastighet – det handler om opplevelse.

9.6 Kundeservice er ikke bare en avdeling – det er en holdning

Uansett hva slags virksomhet du leder i, er dette sant: **Alle jobber med kunder.**

- De som utvikler systemer

- De som jobber med HR

- De som lager markedsføring

- De som leder andre

Alle påvirker kunden indirekte gjennom måten de samarbeider, prioriterer og tenker på.

Derfor er god kundekultur ikke noe som kun tilhører førstelinjen. Det er noe hele organisasjonen må eie.

"Vi er her for kunden. Men vi gjør det på menneskers premisser."

9.7 Hva kundene husker

Kunder husker ikke alltid hva du sa. Men de husker hvordan du fikk dem til å føle seg.

De husker:

- Den som tok seg tid

- Den som viste forståelse

- Den som ga litt ekstra, selv om det ikke var nødvendig

- Den som gjorde det digitalt – men personlig

Dette er ledelse også: Å sørge for at teamet ditt får rammer og kultur som gjør det mulig å gi slike opplevelser. Ikke gjennom press, men gjennom tilstedeværelse og støtte.

Oppsummering av kapittel 9

Kundene dine ønsker mer enn raske svar. De ønsker å bli møtt som mennesker. Du som leder må sørge for at:

- Teknologi gir flyt – men ikke tar over
- Det fortsatt er plass til varme og relasjon
- Teamet ditt får mulighet til å være til stede i det som betyr noe

Kunder kommer for løsningen – men de blir for opplevelsen.

Kapittel 10: Teknologisk empati – å se mennesker i det digitale

10.1 Empati i en ny drakt

Empati har alltid vært en grunnstein i god ledelse og godt samarbeid. Men i en digital tid får empati en ny dimensjon – og en ny utfordring. Når mer av arbeidet skjer via skjerm, chat, e-post eller automatiserte prosesser, blir det vanskeligere å "lese" folk. Vi mister kroppsspråk, tonefall, pauser og blikk.

Likevel: behovet for å bli sett, forstått og møtt – er ikke blitt mindre. Det er blitt større.

Derfor trenger vi et nytt begrep: **teknologisk empati**. Evnen til å se og møte mennesker, selv når interaksjonen er digital.

10.2 Hva er teknologisk empati?

Teknologisk empati betyr å bruke teknologien – uten å miste kontakten. Det handler om å kommunisere menneskelig, lytte aktivt også digitalt, og forstå at selv de enkleste henvendelser kan bære med seg emosjonelt innhold.

Det handler om å:

- Skrive e-poster med omtanke, ikke bare effektivitet

- Tolke stilhet i digitale møter som mer enn "ingenting"

- Bruke AI som støtte, men alltid legge til det menneskelige laget

- Se at bak hver forespørsel finnes en person med en historie

Empati må ikke digitaliseres bort. Den må bevisst bygges inn.

10.3 Hva skjer når empati forsvinner?

Når teknologien får for stor plass og empati ikke får rom, skjer dette:

- Mennesker føler seg redusert til brukere, ikke personer

- Relasjonene svekkes, selv i godt organiserte team

- Misforståelser øker

- Feil håndteres kaldt, ikke konstruktivt

- Motivasjonen daler – selv når effektiviteten øker

Med andre ord: vi mister varmen som holder kulturen levende.

10.4 Hvordan bygger du teknologisk empati i praksis?

Empati i en digital verden krever små, bevisste valg. Det er ikke vanskelig – men det må gjøres med vilje.

Her er noen konkrete grep:

1. Skriv som et menneske

Mange ledere blir robotiske i e-poster og meldinger. Vær tydelig – men vær deg selv. Du kan være profesjonell og personlig samtidig.

«Hei, bare en kjapp påminnelse – håper du har det bra. Gi lyd om du trenger noe mer!»

Slike formuleringer gjør at teknologien føles litt varmere.

2. Sett navn og ansikt i spill

I møter, på e-post eller i dokumenter – bruk navn. Vis hvem som står bak og hvem det gjelder. Det skaper nærhet i en skjermverden.

3. Les mellom linjene

I digitale kanaler mister vi mange signaler. Det betyr at du som leder må være mer oppmerksom på det som ikke blir sagt:

- Hvorfor er det stille i Slack-kanalen?

- Hvorfor svarer noen alltid kort?

- Hva skjer når kamera alltid er av?

Spør: "Hvordan har du det for tiden?" – og lytt til svaret bak svaret.

4. Bygg digitale rom for det menneskelige

Ha digitale kaffepauser, uformelle samtaler, små refleksjonsrunder i møter. Ikke alt må være produktivt. Noe skal være personlig.

Eksempel: Start digitale teammøter med ett spørsmål – "Hvordan er energien din på en skala fra 1 til 5?" Det gir rom for ærlighet og kontakt.

5. AI med menneskelig overskrift

Hvis du bruker AI til å skrive utkast, meldinger eller kundesvar – legg til en linje som kommer fra deg. Litt personlighet, litt varme, en liten kommentar.

"Hei! Her er et forslag – laget med hjelp fra AI, men jeg har tilpasset det så det føles riktig for oss."

Det viser at du tar ansvar for tonen – og ikke bare lar maskinen snakke for deg.

10.5 Empati gjør deg ikke svak – det gjør deg presis

Noen tror at empati handler om å "være snill" eller "skåne". Det stemmer ikke. Empati gjør deg ikke svak. Det gjør deg klok.

Empati gir deg:

- Innsikt i hva som faktisk skjer under overflaten

- Forståelse for hvordan mennesker reagerer ulikt på teknologi og endring

- Evne til å kommunisere så folk føler seg sett og forstått

- En kultur der folk tør si ifra, stille spørsmål og dele ideer

I en digital verden er det ikke lenger nok å være tydelig. Du må også være tilstede.

10.6 Du er det viktigste verktøyet

Det finnes mange verktøy, plattformer og teknologier. Men det viktigste verktøyet i lederrollen er fortsatt deg.

- Din evne til å se mennesker

- Din tilstedeværelse i møte med usikkerhet

- Din varme i møter, meldinger og valg

- Din respekt for dem som trenger litt mer tid

Ledelse i teknologitid er ikke å bli digital – det er å bli enda mer menneskelig.

Oppsummering av kapittel 10

Empati er like viktig i det digitale som i det fysiske. Du må bare lære å uttrykke den på nye måter.

Som leder må du:

- Skrive, snakke og lede med nærhet – også gjennom skjerm

- Tolke signaler, stille spørsmål og lytte bak ordene

- La teknologien hjelpe deg, men aldri erstatte kontakten

Det er i måten vi ser hverandre på, at lederskap virkelig skjer.

DEL III: VERKTØY OG PRAKSIS

Introduksjon til del III

Nå som du har fått en dypere forståelse av
landskapet vi leder i, og hvordan du kan skape
trygghet og mening i usikkerhet, er det på tide å
gjøre det konkret.

Denne delen handler om **hvordan du leder i
praksis** – i hverdagen, med de verktøyene og
rammebetingelsene du har.

Her får du forslag til arbeidsmetoder,
refleksjonsøvelser og taktisk ledelse – alt med ett
mål: å gjøre det **mulig** å lede menneskelig i en
teknologisk tid.

Du trenger ikke gjøre alt perfekt. Du trenger ikke
mestre alt med én gang. Men du trenger en
bevisst praksis – og det er det denne delen gir
deg.

Kapittel 11: Praktisk ledelse i digital hverdag

11.1 Den nye normalen: hybrid, digital, fleksibel

Arbeidshverdagen er ikke lenger lik for alle. Team kan være fordelt på ulike steder, jobbe til forskjellige tider og samarbeide via digitale verktøy. Dette gir frihet – men også nye utfordringer:

- Hvordan skaper man felles retning når folk jobber asynkront?

- Hvordan bygger man tillit uten fysisk tilstedeværelse?

- Hvordan leder man uten å overvåke?

Svarene ligger ikke i mer kontroll – men i **bedre kommunikasjon, tydeligere forventninger og mer menneskelig kontakt.**

11.2 Tre kjerneprinsipper for praktisk ledelse i dag

1. Vær tydelig – men myk

Tydelige forventninger gir trygghet. Vær klar på hva som skal leveres, når, og hvordan – men kommuniser med varme og forståelse. Tydelighet trenger ikke være kald.

"Målet er at vi leverer før fredag – men si fra hvis du trenger mer støtte eller tid."

2. Vær synlig – også digitalt

Du kan være nær, selv på skjerm. Vis ansikt, vær tilgjengelig, og delta aktivt i teamets digitale rom.

- Svar på meldinger med mer enn én emoji
- Del små personlige oppdateringer
- Vis interesse for folk, ikke bare fremdrift

3. Lytt dobbelt

Lytt til det folk sier – og til det de **ikke** sier. I digitale møter må du være ekstra oppmerksom på tone, tempo og stillhet.

- Still oppfølgingsspørsmål
- Bekreft følelser, ikke bare fakta
- Bruk video hvis det er mulig – blikket betyr mer enn du tror

11.3 Ukentlig rytme – små grep, stor effekt

Mange ledere drukner i møter, oppgaver og systemer. Derfor trenger du en **fast rytme** som gir plass til relasjon og refleksjon – ikke bare produksjon.

Eksempel på en enkel, effektiv ukeplan:

Tidspunkt	Aktivitet	Formål
Mandag formiddag	15-min statusmelding til teamet	Skape retning og energi
Tirsdag ettermiddag	1:1-samtaler med 2–3 ansatte	Skape trygghet og støtte
Onsdag morgen	30 min egen refleksjon: «Hva trenger teamet nå?»	Ledelse med intensjon
Fredag ettermiddag	Del én observasjon fra uken som ikke handler om mål	Bygge kultur og kontakt

Dette er ikke mer arbeid – det er bedre arbeid.

11.4 Digitale møter – fra flatt til meningsfullt

Mange digitale møter er effektive – men flate.
Det trenger ikke være sånn. Her er noen grep for å gjøre digitale møter mer levende:

> Start med innsjekk: "Hva tar du med deg inn i møtet?"

> Avslutt med runde: "Hva ble du mest bevisst på i dag?"

> Del skjerm, men også stemning

> Ha tydelig fasilitator

> Sett av rom for det som dukker opp – ikke bare det som står i agendaen

Gode digitale møter skapes ikke av teknologi – men av nærvær.

11.5 Hvordan følge opp uten å kontrollere

Følger du opp fordi du er nysgjerrig og interessert – eller fordi du vil sjekke at folk "gjør jobben"?
Folk merker forskjellen.

God oppfølging i digital hverdag handler om å:

- Være i dialog, ikke rapportering

- Vise at du ser innsats, ikke bare resultat

- Gi tilbakemelding i øyeblikket – ikke bare i evalueringer

- Være konsistent og raus på samme tid

Eksempel:

I stedet for: "Hvorfor er du ikke ferdig med det enda?"
Prøv: "Hvordan går det med det du jobber med? Trenger du sparring eller støtte?"

11.6 Ditt eget fokus – leder i balanse

Digitalt arbeid krever konsentrasjon – og ledelse krever nærvær. Hvis du hele tiden hopper mellom verktøy, meldinger og møter, mister du deg selv i støyen.

Du trenger rom for **egen ledelse**. Spør deg selv ukentlig:

- Hva vil jeg være for teamet mitt denne uken?

- Hvem trenger meg mest akkurat nå?

- Hvordan kan jeg bruke teknologien, men lede med hjertet?

Det er her ekte lederskap starter – i bevisst tilstedeværelse.

Oppsummering av kapittel 11

Å lede praktisk i en digital hverdag handler ikke om å gjøre alt – men om å gjøre det viktigste. Tydelig, varmt, og med en bevisst rytme.

Du trenger ikke være perfekt – du trenger å være nær.

- Vær tydelig – men lyttende

- Vær strukturert – men fleksibel

- Bruk teknologi – men behold kontakt

Ledelse skjer ikke i systemene. Det skjer i relasjonene.

Kapittel 12: Tydelig kommunikasjon i en digital verden

12.1 Kommunikasjon har endret seg – men behovet er det samme

Vi sender meldinger i Slack, Teams, e-post, SMS, intranett, prosjektverktøy og kanskje en app eller to. Mye av det som før skjedde i samtaler, skjer nå skriftlig. Det gir fleksibilitet – men også et nytt behov: **ekstra tydelighet.**

Folk får mer informasjon enn noen gang, men forstår kanskje mindre. Hvorfor? Fordi:

- Meldingene mangler menneskelig tone

- Alt føles like viktig

- Avsenderne antar at "folk skjønner det jo"

- Språket er vagt, teknisk eller defensivt

Du som leder må ta ansvar for å gjøre kommunikasjon **klar, varm og målrettet.** Det skaper trygghet – og sparer tid.

12.2 Tydelighet er ikke hardt – det er trygt

Mange blander tydelighet med autoritet eller strenghet. Men tydelighet handler ikke om å dominere – det handler om å gjøre det lett å forstå hva som forventes, hvor vi skal, og hvordan vi samarbeider.

Tydelig kommunikasjon gir:

- ✓ Forutsigbarhet
- ✓ Mindre misforståelser
- ✓ Raskere avgjørelser
- ✓ Høyere trygghet
- ✓ Bedre samarbeid

Utydelig kommunikasjon skaper usikkerhet, særlig i digitale omgivelser der kroppsspråk og tone ikke er med.

12.3 Slik gjør du kommunikasjonen tydeligere

Her er noen enkle grep du kan bruke i e-post, meldinger, møter og presentasjoner:

1. Start med det viktigste først

Ikke bygg opp til poenget – si det med én gang. F.eks.:

"Dette gjelder endringer i turnusen fra neste uke."

I stedet for:

"Etter at vi har vurdert ulike behov og innspill, ser vi nå på muligheten for å gjøre noen justeringer ..."

2. Bruk korte setninger og tydelig språk

Unngå:

"Vi vurderer å se på ulike løsninger som kan ha effekt på arbeidsflyten i teamet fremover."

Bruk heller:

"Vi ser på en ny måte å fordele oppgaver på, som kan gjøre arbeidshverdagen lettere."

3. Si hva du mener – ikke bare hva du tenker

Folk trenger ledere som tør å være tydelige:

"Min anbefaling er at vi gjør dette."

"Jeg foreslår at vi tester dette neste uke."

"Jeg støtter deg i dette."

Ikke:

"Det kan kanskje være en idé å vurdere..." (med mindre du faktisk er usikker)

4. Vær varm i tonen

Tydelig betyr ikke kald. Du kan være konkret og empatisk samtidig:

"Jeg vet dette kan oppleves som en endring, og det er naturlig å reagere. Jeg er her for spørsmål og refleksjon."

Tone skaper trygghet.

5. Gjør det visuelt når mulig

Folk forstår bedre når du bruker visuelle virkemidler:

- Del skjerm i digitale møter

- Bruk punktlister i e-poster

- Tegn sammenhenger på en tavle eller i en digital whiteboard

- Lag oversikter med "før/etter", "nå/neste" eller "mål/midler"

12.4 Digitale kanaler – velg riktig verktøy til riktig formål

Ikke all kommunikasjon passer overalt. Som leder bør du tenke aktivt:

Formål	Kanal	Hvorfor
Viktig endring	Møte eller video	Gir rom for spørsmål og trygghet
Praktisk beskjed	E-post eller melding	Effektivt, skriftlig bevis
Tilbakemelding	1:1 samtale eller video	Skaper relasjon og trygghet

Formål	Kanal	Hvorfor
Spørsmål eller oppklaring	Chat eller drop-in	Lav terskel, rask respons
Deling av mål og retning	Fast mandagsmelding	Skaper rytme og felles fokus

Når du velger riktig kanal, reduserer du forvirring og øker engasjement.

12.5 Hvordan sjekke om budskapet er forstått?

I digitale rom er det lett å anta at "alle har fått det med seg". Men det stemmer sjelden. Still derfor alltid deg selv og teamet:

- ✓ Har folk reagert på meldingen – eller er det bare stillhet?
- ✓ Har du spurt: "Hva forstår dere av dette?"
- ✓ Har noen stilt spørsmål – eller er alle bare «enig»?

Taus enighet kan være tegn på utrygghet, ikke forståelse.

12.6 Når du selv er usikker

Du trenger ikke alltid vite alt. Men vær ærlig om det:

"Dette er nytt for meg også – men jeg lover å holde dere oppdatert."

"Jeg er i prosess med å forstå mer. I mellomtiden vil jeg være tilgjengelig for spørsmål."

Ærlig usikkerhet bygger mer tillit enn falsk trygghet.

Oppsummering av kapittel 12

Tydelig kommunikasjon i en digital verden
handler ikke om å rope høyere – men om å gjøre
det lettere å forstå.

Som leder bør du:

- Være tydelig og varm samtidig

- Velge riktige kanaler for riktig budskap

- Bruke enkelt, konkret og visuelt språk

- Være åpen for tilbakemelding og justering

- Skape trygghet også når du selv ikke har
  alle svar

Tydelighet er en gave. Utydelighet er en byrde.

Kapittel 13: Å lede uten å vite alt

13.1 Den gamle ideen om den allvitende lederen

I mange år var idealet at lederen skulle ha svarene. Lederen visste best, hadde mest erfaring, og tok de viktige beslutningene. Det var lite rom for å si: "Jeg vet ikke."

Men i dag – med raske endringer, komplekse systemer, og ny teknologi som stadig utvikler seg – er det umulig å vite alt. Og det viktigste: **det er ikke lenger forventet.**

Det folk trenger nå, er ikke ledere som vet alt. De trenger ledere som:

- Tør å være åpne
- Er trygge midt i usikkerhet
- Skaper retning selv når kartet er nytt
- Lytter mer enn de snakker

Å lede uten å vite alt er ikke et svakhetstegn. Det er en ledelsesform for fremtiden.

13.2 Hva skjer når du prøver å skjule usikkerhet?

Når ledere later som de har kontroll – men ikke har det – skjer dette:

- Tilliten svekkes (folk merker det)

- Spørsmål får vage svar

- Teamet blir usikre på om de kan være ærlige

- Det blir vanskelig å tilpasse seg – fordi ingen tør å si at noe er uklart

En leder sa det slik:

"Da pandemien traff, prøvde jeg først å være 'sterk'. Jeg ville vise at jeg hadde kontroll. Men folk så jo at jeg også famlet. Først da jeg sa det høyt – og samtidig viste at jeg fortsatt ville stå sammen med dem – begynte vi å få orden på ting igjen."

Autentisitet slår alltid falsk trygghet.

13.3 Hvordan skape trygghet i usikker ledelse?

Det handler ikke om å gi opp kontroll. Det handler om å **lede ærlig**. Her er fire grep du kan bruke:

1. Si det du vet – og si det du ikke vet

"Dette er beslutningen vi har tatt. Men vi vet ennå ikke hvordan det vil påvirke alle rollene."
"Vi jobber med en løsning – og jeg holder dere oppdatert hver uke."

Folk tåler usikkerhet. Det de ikke tåler, er usikkerhet som ignoreres.

2. Spør i stedet for å late som

"Hva tenker dere at vi bør gjøre her?"
"Er det noe vi ikke ser?"
"Hva trenger dere fra meg nå?"

Ved å stille spørsmål, viser du både åpenhet og respekt. Du inviterer til medledelse.

3. Lag korte horisonter

Når fremtiden er uklar, lag tydelige delmål:

- Hva vet vi denne uken?

- Hva skal vi teste neste måned?

- Hva skal vi evaluere etter 14 dager?

Mennesker trenger forutsigbarhet – også i små biter.

4. Gjør rom for følelser

Du trenger ikke "fikse" andres uro. Men du kan anerkjenne den:

"Jeg forstår at dette føles uklart nå. Det gjør det for meg også. Men vi står i det sammen."

Følelser som blir møtt, roer seg. Følelser som ignoreres, vokser.

13.4 Å være leder når kartet mangler

Ofte får du spørsmål du ikke har svar på. Det er ikke farlig. Det farlige er å late som.

Lederrollen i dag er mer som å være los på åpent hav enn å være togfører på skinner:

- Du justerer kurs

- Du leser signaler

- Du lytter til mannskapet

- Du er til stede – også i uværet

Og du sier: "Vi vet ikke nøyaktig hvor vi er om seks måneder. Men vi skal finne ut av det – sammen."

13.5 Hva gir du folk når du leder åpent?

Du gir dem:

- ✓ Tillatelse til selv å være ærlige
- ✓ Trygghet i prosessen, selv uten ferdig plan
- ✓ En følelse av fellesskap i det ukjente

✓ Eksempler på mot og menneskelighet

Å være ufeilbarlig skaper avstand. Å være ekte skaper tillit.

Oppsummering av kapittel 13

Du trenger ikke å vite alt. Du trenger å være trygg nok til å si det – og tydelig nok til å lede likevel.

Som leder i en digital, usikker og kompleks tid bør du:

- Være ærlig om det du vet og ikke vet

- Invitere teamet inn i refleksjon og medskaping

- Gi trygghet i prosessen, ikke bare i planen

- Lede med nærvær, ikke fasit

Folk følger ikke de som vet alt. De følger de som står stødig i det de ikke vet.

Kapittel 14: Når tempoet blir for høyt

14.1 Den tause krisen i moderne arbeidsliv

I mange virksomheter i dag snakkes det om fremdrift, effektivitet og endringsvilje. Samtidig går det en tyst bølge gjennom organisasjonene: **utmattelse.**

Ikke nødvendigvis utbrenthet – men et konstant, lavt trykk av stress, tempo og krav. Det føles som å aldri bli helt ferdig. Alltid være litt bakpå. Alltid ha noe hengende over seg.

Dette tempoet sniker seg inn som "det nye normale". Men det er ikke bærekraftig. Verken for enkeltpersoner, team – eller ledere.

14.2 Hva skjer når tempoet blir for høyt?

Når folk står i for høyt tempo over tid, skjer det gradvis:

- Kvaliteten synker – selv hos flinke folk
- Kreativiteten forsvinner

- Lysten til å tenke nytt blir borte

- Samtaler blir kortere, hardere, flatere

- Folk gjør det som haster – ikke det som er viktig

I tillegg blir det vanskeligere å si ifra, for "alle har det jo travelt".

Dette er ikke latskap. Det er en naturlig konsekvens av for høyt tempo – over for lang tid.

14.3 Hvordan tempoet påvirker deg som leder

Du som leder står midt i presset: mellom forventninger ovenfra, behov nedenfra – og teknologien som gjør alt mulig, hele tiden. Det er lett å bli:

- Oppstykket i oppmerksomheten

- Utilgjengelig selv når du er online

- Reaktiv i stedet for strategisk

- Sliten – men samtidig "på" hele tiden

Ironisk nok: jo mer teknologi vi har for å effektivisere, desto mindre tid føles det som vi har.

14.4 Hva du kan gjøre – selv i travle perioder

Du kan ikke alltid senke tempoet i organisasjonen. Men du kan skape små lommer av ro, retning og tilstedeværelse. Her er noen grep:

1. Sett en fast stopp

Ha en fast tid i uken hvor du stopper og spør deg selv:

- Hva er viktigst akkurat nå?

- Hva kan vente?

- Hvem trenger meg mest?

Bare 15 minutter med refleksjon kan justere hele uka.

2. Våg å velge bort

Alt kan ikke prioriteres. Vær tydelig overfor teamet:

"Dette gjør vi nå. Det andre tar vi senere."

Når du prioriterer, gir du tillatelse til å senke skuldrene.

3. Gi teamet rytme, ikke bare oppgaver

Tempo føles tryggere når det følger en rytme. Lag en struktur som gir oversikt:

- Mandagsfokus
- Midtukevurdering
- Fredagsoppsummering

Små faste punkt skaper flyt – ikke støy.

4. Snakk om tempo – ikke bare trivsel

Mange ledere spør: "Trives du på jobb?"
Spør heller: "Hvordan oppleves tempoet for deg

nå?"

Eller: "Hva gjør deg sliten i arbeidshverdagen?"

Det åpner for ærlig dialog om arbeidspress – før det blir overbelastning.

14.5 Når du merker at teamet nærmer seg grensen

Vær oppmerksom på tegn som:

- Flere blir syke eller trekker seg tilbake

- Ingen tar initiativ

- Det blir flere misforståelser

- Det er lite rom for humor eller småprat

- Folk sier "det går fint" – men du ser at det ikke gjør det

Da er det på tide å trykke på bremsen. Ikke nødvendigvis ved å stoppe alt – men ved å gjøre noe annerledes.

Eksempler:

- Ta et møte uten agenda – bare for kontakt

- Kutt én aktivitet som ikke gir verdi

- Spør: "Hva kan vi gjøre litt lettere nå?"

14.6 Du setter standarden

Som leder er din energi smittsom. Hvis du alltid haster, hopper over pauser og svarer e-poster midt på natta, sender du et signal: *Dette er normalen her.*

Men du kan sende et annet signal:

- Ta pauser og si at du gjør det

- Si nei til møter som ikke trengs

- Feir fremgang, ikke bare neste mål

Tempo handler ikke bare om tid. Det handler om tillatelse.

Oppsummering av kapittel 14

I en digital tid der alt kan skje raskt, er det viktigste spørsmålet du som leder kan stille:

"Må det gå så fort?"

Du trenger ikke alltid gjøre mer. Du trenger å gjøre det viktigste – i riktig tempo.

Som leder bør du:

- Skape rom for refleksjon og rytme

- Justere forventninger – ikke bare presse på

- Lytte etter utmattelse, før det blir sykdom

- Gå foran som en som også tar pauser

Tempo bygger fart. Men bare tilstedeværelse bygger kraft.

Kapittel 15: Mot som lederkompetanse

15.1 Ledelse krever mer enn strategi

Vi snakker ofte om hvilke ferdigheter ledere trenger: strategisk blikk, teknologiforståelse, endringskompetanse. Alt dette er viktig. Men i en tid med høyt tempo, usikkerhet og teknologiske skift, er det én egenskap som skiller seg ut som avgjørende – **mot**.

Mot er ikke en følelse. Det er en handling. En vilje til å stå opp, si fra, eller stå i noe vanskelig – selv når det er ubehagelig.

Uten mot, blir du enten:

- Passiv
- Unnvikende
- Eller overtilpasset

Med mot, kan du:

- Si det som trengs å sies
- Beskytte teamet ditt mot urimelige krav
- Ta valg som er riktige – ikke bare populære

- Være ærlig, selv når det er vanskelig

15.2 Hva mot egentlig er – og ikke er

Mot handler ikke om å være tøff. Det handler heller ikke om å «gå i krigen». Mot handler om:

- Å stå i usikkerhet
- Å ta upopulære, men nødvendige beslutninger
- Å gi ærlige tilbakemeldinger
- Å stå opp for verdiene dine – også når det koster
- Å være synlig som deg selv, ikke som en rolle

Mot er stille, hverdagslig og ofte usynlig. Men det merkes.

15.3 Når du velger komfort fremfor mot

Alle ledere kjenner dette:

- Du vet du burde si noe – men lar det være
- Du vet en beslutning bør tas – men venter litt til

- Du hører noe ugreit – men håper det går over

- Du er uenig – men nikker likevel

Dette er normalt. Men over tid får det konsekvenser:

- Tilliten i teamet svekkes

- Uklare normer får vokse

- Du mister kraft som leder

Mot handler om å ta disse øyeblikkene på alvor.

15.4 Konkrete situasjoner der mot trengs

Her er eksempler på vanlige, men krevende situasjoner:

1. Du må si nei til mer arbeid – selv om det "hadde vært fint"

"Jeg forstår behovet, men vi har ikke kapasitet nå. Vi må prioritere."

2. Du må gi en ærlig tilbakemelding til en dyktig, men utfordrende medarbeider

"Du leverer gode resultater – men måten du uttrykker deg i møter gjør det vanskelig for andre å bidra."

3. Du må stå i uenighet med lederkollegaer

"Jeg ser at dere ønsker å gå raskt frem, men mitt team er på grensen nå. Jeg må si ifra."

4. Du må innrømme at du selv tok feil

"Jeg ser nå at jeg feilvurderte dette. Jeg beklager. Vi justerer kursen."

Dette er ikke svake øyeblikk. Det er ekte ledelse.

15.5 Hvordan du trener på mot

Mot kommer ikke av seg selv. Det må øves på – i små doser, ofte. Her er noen treningsøvelser:

- ✓ Si det du tenker, én gang hver dag – selv om det er litt ubehagelig
- ✓ Still spørsmål når noe er uklart – selv i store møter
- ✓ Ta én samtale du har utsatt – denne uka
- ✓ Si nei én gang mer enn du pleier
- ✓ Vær åpen om noe du er usikker på

Hver gang du gjør det, bygger du styrke. Og du bygger kultur – for teamet lærer av deg.

15.6 Mot smitter

Når du viser mot, gir du andre tillatelse til å gjøre det samme. Du setter standarden.

- Når du står i vanskelige samtaler, viser du at det går an

- Når du sier nei med respekt, viser du at grenser er mulig

- Når du tør å være menneske, viser du at det er trygt

Du skaper ikke bare trygghet. Du skaper handlekraft.

Oppsummering av kapittel 15

Mot er ikke ekstra. Det er en kjernekompetanse for ledelse i dag. Du trenger det for å:

- Lede ærlig

- Prioritere med integritet

- Bygge tillit gjennom handling

- Stå i usikkerhet, heller enn å dekke over den

Du trenger ikke være modig hele tiden. Men du må tørre – litt oftere enn det er komfortabelt.

Kapittel 16: Å lede med mening

16.1 Mening er den sterkeste drivkraften

Mennesker jobber ikke bare for lønn, status eller måloppnåelse. Vi jobber for å føle oss **nyttige**, **tilknyttet** og **meningsfulle**. Når du som leder klarer å koble arbeidet til noe større – noe som betyr noe – aktiverer du en dypere kraft i teamet ditt.

I en tid hvor arbeidsformer endres, AI overtar oppgaver, og mål styres av dashboards, er det lett å miste meningen av syne. Derfor er det nå viktigere enn noen gang å **gjenskape og forsterke** den.

16.2 Hva betyr egentlig «mening»?

Mening handler ikke nødvendigvis om å "redde verden". Det handler om:

- Å vite hvorfor det man gjør, betyr noe

- Å kjenne at innsatsen påvirker andre positivt

- Å se en sammenheng mellom eget arbeid og noe større

- Å oppleve stolthet – ikke bare prestasjon

Folk som opplever mening i jobben sin:

- ✓ Har høyere motivasjon
- ✓ Håndterer stress bedre
- ✓ Er mer kreative og initiativrike
- ✓ Tåler endring bedre
- ✓ Blir værende lenger

16.3 Hva skjer når mening forsvinner?

Når arbeidet mister mening, skjer dette gradvis:

- Folk gjør det de må, men ikke mer

- Ingen spør "hvorfor" – bare "hvordan" og "hvor fort"

- Kreativiteten tørker inn

- Samarbeid blir teknisk, ikke personlig

- Trivselen synker – selv om "alt er på plass"

Ironisk nok: jo mer vi effektiviserer, jo viktigere blir det å gjøre plass til mening.

16.4 Hvordan skaper du mening i det daglige?

Mening skapes ikke én gang for alle. Den må gjentas, forsterkes og vises i praksis – hver uke. Her er noen konkrete grep:

1. Snakk om «hvorfor», ikke bare «hva»

Når du gir en oppgave, legg til:

"Dette er viktig fordi …"
"Kunden trenger dette for å …"
"Dette bidrar til at vi når målet om …"

Folk vil forstå hvordan deres innsats har verdi.

2. Vis konsekvensen av jobben deres

Del eksempler fra kunder, brukere eller samarbeidspartnere:

"Dette er hva vi hjalp dem med."

"Slik påvirket vår innsats deres arbeid."

"Derfor spiller din rolle en stor forskjell."

Tall er bra – historier er bedre.

3. Knytt mening til identitet

Gi tilbakemeldinger som peker på mer enn bare resultat:

"Jeg ser hvor mye omtanke du legger i arbeidet ditt."

"Måten du tok vare på kunden – det sier mye om hvem du er som kollega."

Mening oppstår i speilingen av hvem vi er – ikke bare hva vi gjør.

4. Gi teamet eierskap

La teamet være med og påvirke:

- Hvordan løser vi dette best?

- Hva kan vi gjøre annerledes neste gang?

- Hva er viktigst for oss akkurat nå?

Når folk får medvirke, øker følelsen av ansvar –
og verdi.

16.5 Mening for deg som leder

Det gjelder ikke bare teamet ditt. Du trenger også
å kjenne på mening. Og det er lett å miste den –
midt i møter, rapporter og krav.

Still deg selv disse spørsmålene jevnlig:

- Hva gir meg energi i jobben min nå?

- Hvem har jeg vært en god leder for denne
  uken?

- Hva ville mitt yngre jeg vært stolt av?

- Hvilken forskjell har jeg bidratt til – som
  ikke kan måles?

Mening er det som gir deg kraft til å stå i press –
uten å bli dratt ned av det.

16.6 Når mening må bygges på nytt

Kanskje er dere i en periode der mye har endret seg. Kanskje har organisasjonen vært gjennom nedbemanning, fusjon, ny strategi eller digital omstilling. Da må meningen bygges **på nytt**.

Ikke gjennom fine ord, men gjennom ekte samtaler:

"Hva er det som gir deg mening i jobben din akkurat nå?"

"Hva savner du å kjenne på i hverdagen?"

"Hva kan vi gjøre mer av – som faktisk betyr noe?"

Dette er ikke «koseprat». Det er kjernen i motivasjon.

Oppsummering av kapittel 16

Mening er limet som holder mennesker og arbeid sammen. Det skaper tilhørighet, stolthet og driv. Som leder bør du:

- Minne folk på hvorfor de gjør det de gjør

- Synliggjøre hvordan de påvirker andre

- Skape eierskap til mål og prosess

- Utforske og ivareta din egen mening

Du trenger ikke alltid være inspirerende. Men du må våge å snakke om det som gir arbeid verdi.

DEL IV: DEG SOM LEDER I EN NY TID

Introduksjon til del IV

Denne siste delen handler ikke om teamet ditt. Ikke om teknologien. Ikke om strategi, systemer eller metoder.

Den handler om **deg**.

For uansett hvor gode verktøy du har, hvor flink du er til å skape trygghet eller bruke AI riktig – så er det **du** som er bæreren av lederskapet. Din tilstedeværelse. Ditt mot. Ditt blikk på verden.

Ledelse i vår tid handler mer enn noensinne om **indre styrke**. Å stå stødig i det som endres. Å være menneskelig i møte med systemer. Å tåle usikkerhet – og likevel skape retning.

Dette er ikke noe du "får til". Det er noe du **øver på** – hver dag.

Kapittel 17: Å stå stødig midt i endring

17.1 Endring som konstant

Tidligere snakket vi om endring som noe som "kom". Nå vet vi bedre: **endring er alltid der.** Og det betyr at det ikke lenger er nok å være god i endringsledelse – du må være **god i endringsliv**.

Som leder må du stå midt i:

- Uklare planer

- Nye teknologier

- Hyppige omprioriteringer

- Økte forventninger

- Redusert forutsigbarhet

Du skal være både forankret og fleksibel. Både tydelig og lyttende. Både støttende og fremdriftsorientert. Det er krevende. Men det er også mulig – hvis du har et anker i deg selv.

17.2 Hva betyr det å stå stødig?

Å stå stødig betyr ikke at du aldri vakler. Det betyr:

- At du kjenner dine egne verdier

- At du kan være ærlig om egne grenser

- At du vet hva du står for, også når det blåser

- At du ikke trenger fasit for å lede

- At du er forankret i **hensikt** – ikke bare i struktur

Du er ikke urokkelig. Men du faller ikke sammen for hvert vindkast.

17.3 Hva som får deg ut av balanse

Det er viktig å vite hva som forstyrrer din indre stødighet. For mange ledere kan det være:

- For stort ansvar uten støtte

- For høyt tempo over tid

- For lite anerkjennelse

- Konflikter som får vokse

- Mangel på egen tid og refleksjon

Når du mister balansen, blir du fortere irritert, mer reaktiv, mindre nærværende – og mindre trygg i avgjørelser. Det er da du trenger å **stoppe**, ikke pushe videre.

17.4 Hvordan du gjenfinner stødighet

Her er fem steg du kan bruke når du kjenner at du vakler:

1. Stopp og kjenn etter

Hva skjer egentlig i meg nå? Hva føler jeg? Hva trenger jeg?

2. Sorter hva som er ditt – og hva som ikke er ditt

Ofte bærer ledere andres uro. Spør deg selv: "Er dette mitt ansvar – eller min reaksjon på andres forventninger?"

3. Gå tilbake til verdiene dine

Hva er viktigst for meg nå? Hva slags leder ønsker jeg å være – også i dette?

4. Snakk med noen du stoler på

Stødighet bygges ikke alene. Du trenger én eller flere som du kan være ærlig med – uten å måtte prestere.

5. Gjør én liten, bevisst handling

Når du føler deg rådvill, gjør noe konkret: ring noen, rydd pulten, ta en pause, skriv ned en tanke. Bevegelse skaper balanse.

17.5 Eksempel: En leder i press

En mellomleder i et teknologiselskap fortalte:

"Jeg kjente at jeg mistet grepet. Alt kom på én gang: nye systemer, omorganisering, nedbemanning. Jeg begynte å tvile på meg selv. Først da jeg tok en time-out, snakket med en kollega og gikk en tur uten mobilen, fant jeg tilbake til en setning som hjalp meg: *'Jeg trenger ikke vite alt. Jeg trenger å være hel.'* Det ble mitt anker."

Dette er ikke svakhet. Det er **moden ledelse**.

17.6 Du er mer enn rollen din

Det er lett å la lederrollen sluke hele identiteten. Men du er mer enn møter, mail og mål. Du er et menneske med verdi – uavhengig av prestasjon.

Jo mer du husker det, desto tryggere blir du. Og jo tryggere du er, desto tryggere blir menneskene rundt deg.

Oppsummering av kapittel 17

Endring er kommet for å bli. Du trenger ikke å "takle" alt – men du trenger å **forankre deg**.

For å stå stødig midt i endring:

- Kjenn egne verdier

- Vær ærlig om grenser og behov

- Søk støtte – ikke bær alt alene

- Ta små, bevisste pauser

- Husk at du er mer enn rollen din

Du skal ikke være urokkelig. Du skal være ekte. Det holder – og det varer.

Kapittel 18: Å være leder og menneske – samtidig

18.1 Rollen og personen

Å være leder er en rolle. Men du er ikke **bare** den rollen. Du er også et menneske med følelser, tanker, verdier, livserfaring og grenser. Utfordringen for mange ledere i dag er å forene disse to: **rollen som leder** og **personen du er.**

For mange kan det oppstå et skille:

- På jobb: sterk, målrettet, kontrollert

- Privat: tvilende, sårbar, sliten, levende

Men ekte ledelse skjer når du **ikke trenger å velge mellom dem.** Når du kan være deg selv – også som leder.

18.2 Myten om den profesjonelle fasaden

Det finnes en gammel idé om at ledere alltid skal være:

- Rasjonelle

- Kontrollert

- Upåvirket

- Objektive

Men dette skaper avstand. Det bygger ikke tillit. Det gjør det vanskeligere for andre å være åpne, ærlige og trygge.

I dag vet vi bedre: Det folk trenger fra ledere er ikke en maske – men et menneske.

18.3 Når du tør å vise hvem du er

Du trenger ikke dele alt. Men du må tørre å være ekte. Når du viser deg som menneske:

- Blir du lettere å snakke med

- Skaper du trygghet og nærhet

- Tåler teamet ditt bedre å være uenige

- Blir det lettere å si ifra, også oppover

- Blir du mer bærekraftig som leder

Eksempel:

"Jeg kjenner at dette også er krevende for meg. Men jeg er trygg på at vi finner ut av det sammen."

Det gjør ikke deg svak. Det gjør deg **til å stole på**.

18.4 Når rollen blir for tung

Noen ganger føles lederrollen som en rustning: noe som skal beskytte deg, men som samtidig gjør deg tung og sliten. Da trenger du å finne tilbake til deg selv.

Still deg selv:

- Hvem er jeg – uten rollebeskrivelsen?

- Hva gir meg energi – som menneske?

- Hva savner jeg i min egen hverdag?

- Når føler jeg meg ekte – og fri?

Du leder bedre når du er i kontakt med deg selv.

18.5 Du er ikke alene

Mange ledere går rundt med samme spørsmål:

- "Er jeg god nok?"

- "Hva hvis noen merker at jeg ikke har kontroll?"

- "Hvor går grensa mellom å være privat og å være profesjonell?"

Disse spørsmålene er ikke tegn på svakhet. De er tegn på **samvittighet og bevissthet**.

Derfor er det viktig at du har noen du kan dele med – uten å måtte prestere. En kollega. En mentor. En venn. En profesjonell samtalepartner. Å være leder **alene** er den største risikofaktoren for å bli utbrent.

18.6 Lederrollen som livsreise

Ledelse er ikke bare et fag. Det er også en livsvei. Du vokser – ikke bare i kompetanse, men i menneskelig dybde. Og med tiden lærer du:

- At du ikke trenger å vite alt

- At det er rom for feil og justering

- At mennesker ikke trenger perfekte ledere
  – de trenger ekte ledere

- At det å være leder **og** menneske ikke er
  en balanse du finner én gang, men noe du
  trener på hver uke

Oppsummering av kapittel 18

Du er leder. Og du er menneske. Jo mer du tør å være begge deler, desto mer kraft har du i lederrollen.

- Våg å være ekte

- Del litt mer av deg selv enn du tror er "riktig"

- Kjenn dine egne behov og grenser

- Søk støtte og fellesskap

- Stol på at du er god nok – som du er

Sterke ledere bygger ikke tillit med fasade – men med menneskelighet.

Kapittel 19: Fremtidens ledelse er menneskelig

19.1 Hva vi trodde – og hva vi ser nå

I mange år var fremtiden noe vi forbandt med teknologi. Roboter, automatisering, datadrevne beslutninger, algoritmer og AI. Og ja – alt dette har kommet. Og det har endret hvordan vi jobber.

Men samtidig, midt i alt det digitale, har vi begynt å se noe annet:

➢ Jo mer teknologi vi får, desto mer lengter vi etter det menneskelige.

➢ Jo mer data vi har, desto viktigere blir dømmekraft.

➢ Jo mer vi kan måle, desto mer trenger vi mening.

Fremtiden er ikke bare effektiv. Den må være **empatisk**. Den må romme **tvil og mot**, **rytme og relasjon**, **struktur og sjel**. Og derfor må **ledelse være mer menneskelig enn noen gang før.**

19.2 Tre egenskaper som vil prege fremtidens ledere

1. Tilstedeværelse

Evnen til å være helt her – selv i en travel, digital verden. Se folk. Lytte. Skape trygghet i øyeblikket.

2. Autentisitet

Å lede uten maske. Å vise hvem du er. Å stå for noe. Ikke fordi det er populært, men fordi det er riktig.

3. Relasjonell styrke

Å bygge tillit. Å romme uenighet. Å få ulike mennesker til å trekke i samme retning – fordi de vil, ikke fordi de må.

Disse ferdighetene kan ikke kjøpes, outsources eller automatiseres. De må trenes. Og du er allerede i gang.

19.3 Hva som ikke lenger holder

Det som en gang virket "riktig", men som ikke lenger fungerer i et menneskelig arbeidsliv:

- Å bare fokusere på tall

- Å bruke teknologi uten å tenke på tillit

- Å styre med makt og kontroll

- Å ignorere følelsene i rommet

- Å være utilgjengelig bak rollen

Folk tåler endring. Men de tåler ikke å bli **behandlet som ressurser**, i stedet for mennesker.

19.4 Hva folk vil huske deg for

Du blir ikke husket for hvor mange prosjekter du leverte, eller hvor mange budsjetter du fulgte. Du blir husket for:

- Hvordan folk følte seg i ditt nærvær

- Hvordan du møtte dem når de hadde det vanskelig

- Om du var trygg – også når du ikke var perfekt

- Om du ga dem plass, eller bare krav

- Om du var et menneske – ikke bare en leder

Det er dette som setter spor.

19.5 Din vei videre

Du som har lest hele denne boken, har allerede vist at du vil noe mer enn bare "å få ting gjort". Du vil lede med mening, med varme, med tydelighet og mot.

Du trenger ikke være perfekt. Du trenger ikke gjøre alt riktig. Men du trenger å **være bevisst**, **være ekte**, og **være til stede**.

Gå tilbake til de små tingene:

- Lytt litt dypere

- Spør litt oftere

- Vær litt mer deg selv

- Husk hvorfor du ville lede i utgangspunktet

Fremtidens ledelse er ikke der fremme. Den er **her og nå – i måten du er med andre mennesker på.**

Avsluttende ord

Denne boken har ikke vært en oppskrift. Den har vært en invitasjon. Til å tenke. Kjenne. Være til stede. Og lede med hjertet, ikke bare hodet.

Du har alt du trenger i deg.

Du trenger bare å bruke det – **med vilje.**

For du er ikke bare en leder i ny tid.
Du er en **menneskelig leder.**
Og det er akkurat det vi trenger.

Takk for at du har lest.

/Sam Afshari